# 仏教ゆかりの生きもの図鑑

福田 琢＝文
大島加奈子＝絵

सब्बे सत्ता भवन्तु सुखितत्ता।।

sabbe sattā bhavantu sukhitattā.

すべての生きるものたちが安楽でありますように

『スッタニパータ』第147偈

# はじめに

今からおよそ二千五百年前、インドで誕生した釈尊《しゃくそん》（お釈迦《しゃか》さま）が説かれた教えがまとめられた仏典《ぶってん》（仏教の経典《きょうてん》など）には、さまざまな生きものが登場します。牛《うし》や兎《うさぎ》、鹿《しか》や象《ぞう》、龍《りゅう》といった、身近な動物から神話の世界の生きものまで――。仏典に登場する生きものたちは、一体何を私たちに伝えているのでしょうか。

本書は、仏典のなかで特に象徴的に扱われる十五種の生きものを、精細に描かれた絵と共に紹介します。ページをめくりながら、生きものたちを通して物語られてきた、仏教の世界にふれていただければ幸いです。

東本願寺出版

◆東本願寺の境内《けいだい》で、彫刻や錺金物《かざりかなもの》、瓦《かわら》などに象《かたど》られた生きものの姿も紹介しています。巻末付録とあわせてご覧ください。

もくじ

## 仏教ゆかりの生きもの

# 仏教ゆかりの生きもの

# 牛《うし》

ගං

## 牛はわれらの最上の友である

『スッタニパータ』第296偈、中村元《はじめ》訳

仏教の教えの核心を、釈尊《しゃくそん》（お釈迦《しゃか》さま）が自ら詩の形で語った金言集『スッタニパータ』の一節です。ヒマラヤの麓《ふもと》に広がる農村地帯に生まれ育った釈尊にとって、牛はいつも人々の生活のかたわらにいる存在でした。仏教の根底に流れる、あらゆる生きものたちとの共生の精神は、思想や哲学ではなく、そんな日常のなかで身に付いた自然の感覚でした。

# 最上の友

仏教を開いた釈尊《しゃくそん》（お釈迦《しゃか》さま）のお名前は、「ゴータマ・シッダールタ」であったと伝えられています。苗字の「ゴータマ」とは、インドの言葉で「最上の牛《うし》」という意味です。そこで、最初に取り上げる生きものは牛にしました。

牛は仏典《ぶってん》のあちこちに登場します。釈尊は「牛はわれらの最上の友である」と言いました（『スッタニパータ』第２９６偈、中村元《はじめ》訳）。釈尊の生まれ育った地域では、牛は荷物を運ぶ労働力であり、牛乳やバターやヨーグルトを生み出す滋養《じよう》の源であり、また牛糞《ぎゅうふん》は燃料にも壁材にもなります。人々はまさしく牛と共生していたのです。不愉快な目にあったときは「牛が虫を払って自分の尾をまもるように」自分の心をまもりなさい、とも言います（『ウダーナヴァルガ』第31章第40偈、中村元訳）。つきまとう羽虫《はむし》を傷つけず尻尾でそっと払う、ネパールやインドの田園の穏やかな牛たちの姿が浮かびます。

仏典のなかで、釈尊の偉大さは「人中《にんちゅう》の象王《ぞうおう》、人中の牛王《ごおう》、人中の龍王」（『涅槃経《ねはんぎょう》』「梵行品《ぼんぎょうぼん》」）など、さまざまな動物で表現されますが、象や龍が近寄りがたい威圧感や神秘性をまとっているのに対して、牛には民衆の生活に密着した親近感があります。そのため、牛はもっぱら、仏の柔和《にゅうわ》さや慈悲《じひ》深さを伝える比喩として用いられました。たとえば釈尊の瞳は、牛のように長く繊細なまつげに縁《ふち》どられ、その柔らかな眼差《まなざ》しは、観るものをなごませずにはおかなかったそうです（「睫相《しょうそう》が牛王の如《ごと》くなるは、慈心《じしん》にして和視《わし》する故にして、観る者は厭足《えんそく》無し」『十《じゅう》住《じゅう》毘《び》婆《ば》沙《しゃ》論《ろん》』「念仏品《ねんぶつぼん》」）。

また、牛飼いが牛を飼育し導く姿は、しばしば仏道修行の歩みになぞらえられました。中国では、人が迷いからさとりにいたる過程が、牧童《ぼくどう》がいなくなった牛を探す旅に出て、見つけ出し、捕《と》らえ、飼い馴らし、連れて家に帰るまでの十段階として、図像を用いて説明されます（十牛図《じゅうぎゅうず》）。そこでは、牛は私たちが求めるほんとうの自分自身、内なる仏のめざめ（仏性《ぶっしょう》）の表象《ひょうしょう》にほかなりません。

インド、東南アジア、そして日本を含む東アジアと、仏教が伝播《でんぱ》した地域のどこへ行っても、牛はありふれた動物です。仏教徒はその姿に、生命への慈《いつく》しみや、自己を探し求める仏の道を語り伝える釈尊を重ねました。そのようにして、仏の慈悲や智慧《ちえ》は、決してどこか遠くにあるものではなく、私たちの日常に寄り添っていることを実感したのでしょう。

阿弥陀堂広縁
上部に見られる牛の
蟇股（かえるまた）*彫刻

＊梁や桁の上に置かれ、荷重を分散して支えるための部材

# 獅《し》子《し》

siṃha

常に大衆《だいしゅ》の中にして、
法を説きて師《し》子《し》吼《く》せん

『無量寿経《むりょうじゅきょう》』巻上

百獣の王ライオンが吼《ほ》えたときのように、ひとたび仏が説法《せっぽう》すれば、誰もがその威厳と力強さに圧倒され、畏怖《いふ》の念をもってひれ伏します。『無量寿経』『法華経《ほけきょう》』『華厳経《けごんぎょう》』など、あらゆる経典《きょうてん》で、仏の説法は「師子吼」と呼ばれます。

## 真実の力

インドの国章（17頁）は、台座の上で四方を向いて立つ四頭のライオンを図案化したもので、「アショーカの獅子柱頭《ししちゅうとう》」と呼ばれる彫刻が元になっています。アショーカ王は紀元前三世紀にインド統一を成し遂げ、後に篤《あつ》く仏教を信仰したことで知られており、この彫刻は、釈尊《しゃくそん》が初めて説法《せっぽう》を行った聖地サールナートより出土しています。

獅子は仏典《ぶってん》では多く「師子」と表記されます。古代インドでライオンを意味する「シンハ」「シーハ」に漢字の「師」もしくは「獅」を当て、接尾辞「子」を補って作られた単語です。「シンハ」は東南アジアに広く伝わりました。シンハラ人が建国したスリランカの国旗は中央にライオンの姿を戴《いただ》き、タイのシンハビールのラベルは金獅子のデザインで、シンガポール（シンハ・プラ＝獅子の都）のシンボルはマーライオンです。

漢字圏でも「師子」の語が、仏教の流布《るふ》と共に定着しました。仏典は、何ものも怖《おそ》れない仏の勇猛《ゆうもう》さを「師子王」と讃《たた》え、仏の説法する姿を「師子吼《ししく》」（ライオンが吼《ほ》えること）と喩《たと》え、その座る場所を「師子座」と呼びました。また「師子奮迅《ふんじん》の力」（仏が一切の衆生《しゅじょう》を救うためにふるう威力《いりき》）、「師子身中《しんちゅう》の虫《むし》」（仏弟《ぶつで》

阿弥陀堂門に見られる
実際のライオンの姿を
髣髴とさせる獅子の木鼻彫刻

子《し》でありながら仏法《ぶっぽう》を害する者）といった経典《きょうてん》の表現は、日本語の慣用句ともなりました。

生息地の西北インドから遠く離れた東アジアで、「師子」はほとんど架空の生きものでした。絵師や彫刻家たちは見たこともないその姿を、想像力を駆使《くし》して描きました。そして中国では皇帝を守護する霊獣《れいじゅう》となり、日本では神社や寺院の境内《けいだい》に（しばしば、これもまた空想上の獣《けもの》である狛犬《こまいぬ》と一対で）配置されました。

東本願寺でも、阿弥陀堂《あみだどう》の屋根や御影堂広縁《ごえいどうひろえん》、御影堂門など、境内各所に日本的な意匠の獅子が見えます。しかし阿弥陀堂門の木鼻《きばな》（頭貫《かしらぬき》・肘木《ひじき》・虹梁《こうりょう》などの端が柱から突出した部分）の獅子だけは、珍しく実際のライオンに近い造形です。この門は一九〇九年（明治四十二年）に起工しており、その数年前に京都市動物園にやって来た本物のライオンを参照できたようです。冒頭に紹介したアショーカ獅子柱頭を髣髴《ほうふつ》とさせるリアルさです。

インド国章の下にはサンスクリット（古代インドの言葉）で「真実のみが勝利する」と記され、この標語も国章の一部とされています。仏教徒であったアショーカ王がライオンの姿で象徴させたのは王の威勢《いせい》ではなく、王でさえもその前にひれ伏す、仏法のもつ真実の力だったのです。

# 亀《かめ》

kacchapa

## 大海中の盲亀《もうき》、浮孔《ふく》に遇《あ》うが如《ごと》し

『大般涅槃経《だいはつねはんぎょう》』「純陀品《じゅんだぼん》」

滅多に海面に顔を出さない、視力のない亀が、たまたま気まぐれに浮上したとき、流れてきた浮木《ふぼく》の孔《あな》に首を入れる確率はどれほどでしょうか。そんな亀の喩《たと》えを通して、人間に生まれ、仏教と出遇うということが、どれほど奇跡的な出来事なのかを『涅槃経』や『法《ほ》華《け》経《きょう》』は伝えます。

# 凡《ぼん》夫《ぶ》の仲間

イソップ童話で兎《うさぎ》と競争する亀《かめ》はリクガメですが、仏典《ぶってん》の亀といえば、ほぼ水棲《すいせい》です。「盲亀浮木《もうきふぼく》の喩《たと》え」は、生命《いのち》の不思議さを、長寿のウミガメの生態に喩えた寓話《ぐうわ》です。私たちが人として生まれてきたということは、百年に一度、深い海の底から浮上する「盲亀」（あるいは「一眼《いちげん》の亀」）が偶然、海面を漂《ただよ》う流木の孔《あな》に首を突っ込むのに等しい、いやそれ以上に奇蹟的な出来事なのだ、という意味です。『法華経《ほけきょう》』『涅槃経《ねはんぎょう》』など多くの経典《きょうてん》に説かれています。

「亀の恩返し」の話に出てくる亀もミズガメです。ある男が市場で売られていた亀を憐《あわ》れみ、買い取って水に放してやったところ、恩義を感じた亀が、後に洪水《こうずい》の危機を知らせに戻って来て、男を甲羅《こうら》に乗せて（あるいは船を用意させて）水難から救った、という話です。『六度集経《ろくどじっきょう》』（巻3）や『経律異相《きょうりついそう》』（巻44）といった資料に見え、我が国では放生会《ほうじょうえ》（不殺生《ふせっしょう》の精神を尊び、捕《と》らえた魚や鳥を野に放つ行事）の由来を語る故事として紹介されました（『三宝絵詞《さんぼうえことば》』下巻）。少し浦島太郎を連想させますね。『日本書紀』などに見える浦嶋伝説は、丹後《たんご》の浦嶋子《うらしまのこ》という若者が大亀を釣り上げると美女に変化したので、妻に娶《めと》り、海底の仙境《せんきょう》に赴《おもむ》いた、という内容なので、これが中世に「助けた亀の恩返し」の話に変容したのは、仏教の影響かもしれません。

「空飛ぶ亀」は古来インド、中東から西欧世界まで広く浸透し、もはやどこが起源かも分からない説話ですが、アジアでは主に仏教文献を通じて伝播《でんぱ》したようです。ある池に棲《す》んでいた亀が、池の水が干上《ひあ》がってきたので、友だちの白鳥《はくちょう》（あるいは雁《がん》）と相談して、別の大きな池まで運んでもらおうとする話です。白鳥が嘴《くちばし》に棒をくわえ、その棒を亀がくわえて、ぶら下がって移動するのですが、亀がお喋《しゃべ》りな性格なので、飛行中は絶対に口を開かないよう白鳥は注意します。亀は約束したものの、空中移動が始まると、喋りたい気持ちが抑えきれません。口を開けた途端、落下して命を失います。日本では『今昔物語』（巻5）に「鶴と亀」の話として紹介され、「信なき亀は甲を破る」（約束を守らず信頼を失うと、甲羅を割った亀のようになる）という諺《ことわざ》にもなりました。

インドや中国の神話ではしばしば聖獣《せいじゅう》とされ、長寿の象徴として仙人を乗せることもある亀ですが、仏教においてはむしろ私たち迷える凡夫の仲間です。恩返しをすることもあれば、固い甲羅に守られていながら、自らの愚《おろ》かな行いのせいで、身を滅ぼすこともあります。

御影堂屋根に見られる
亀とされる瓦

# 兎《うさぎ》

śaśa

## 月《がっ》中《ちゅう》の兎はこれよりしてあり

『大《だい》唐《とう》西《さい》域《いき》記《き》』巻7

老人への供物《くもつ》として自らを炎に投じた兎の物語は有名ですが、資料によって細部に少しずつ違いが見られます。「これ以来、月の中に兎がいるようになりました」という結末に至るまで、我が国の伝承に最も近いのは玄奘《げんじょう》が著した『大唐西域記』の記述です。

# 施《ほどこ》しの心

「とかく(兎角)に人の世は住みにくい」——夏目漱石『草枕』冒頭にある有名な一節です。仏典《ぶってん》では「ありえない」「実体がない(空《くう》である)」ことを「亀毛兎角《きもうとかく》の如《ごと》し」と言います。亀《かめ》の甲羅《こうら》に毛はないし、兎《うさぎ》の耳は角《つの》ではない。そんなものは存在しない、という意味の漢字がなぜ「あれやこれや」「なにはともあれ」を意味する「とかく」「とにかく」に当てられたのか、辞書を引いても「単なる当て字」としか出てきません。

とにかく、仏教ゆかりの兎といえば「月の兎」でしょう。森で仲良く暮らしていた狐《きつね》と猿《さる》と兎の前に一人の老人が現れ、空腹を訴えます。この老人、実は動物たちの「施しの心」を試すためにやってきた帝釈天《たいしゃくてん》(インドラ神)の仮の姿でした。

三匹は出かけ、狐は川で魚を捕《つか》まえ、猿は木の実を採って来ますが、兎は手ぶらのまま戻りました。そして焚火《たきび》を起こしてもらうと「私の身体を食べてください」と言うなり、炎に飛び込みました。生命《いのち》の布施《ふせ》です。老人は帝釈天の姿に戻り、その徳行《とくぎょう》を後世に伝えるべく、兎の姿を月に残しました。だから月の中には今も兎が見えます。そしてこの兎こそ前世の釈尊《しゃくそん》でした——そういうお話です。

阿弥陀堂南側
広縁上部に見られる
兎の蟇股彫刻

この説話はジャータカ（本生譚《ほんじょうたん》）すなわち釈尊の前世物語の一篇です。釈尊は折《おり》にふれ、自身が過去世で、時には人間、時には鳥獣《ちょうじゅう》、時には魚や水棲《すいせい》動物に生まれて体験した、浮世《うきよ》の愚《おろ》かな悲喜《ひき》劇や、今生《こんじょう》に仏《ほとけ》となるべく重ねてきた修行（菩薩行《ぼさつぎょう》）について、昔話の形式で語っています。ゆうに五百篇を超える説話が残っており、前回ご紹介した亀の話も、その中に含まれています。

ジャータカは、僧院《そういん》で師資相承《ししそうじょう》された経典《きょうてん》と異なり、釈尊ゆかりの地に伝わる民間伝承や、民衆布教《ふきょう》のため創作された寓話《ぐうわ》が元となっています。月の兎はインド古来の伝説で、それが仏教説話となり、さまざまに潤色《じゅんしょく》されながらシルクロードを渡りました。先ほど紹介した兎のジャータカは、三蔵法師《さんぞうほうし》として知られる唐《とう》の玄奘《げんじょう》が中国に伝えたものです（『大唐西域記《だいとうさいいきき》』巻7）。これが『今昔物語』（巻5）の手本となり、我が国にも広く知られるようになりました。

月の兎は、月面の白い斜長岩《しゃちょうがん》と黒い玄武岩《げんぶがん》が生み出した模様で、ジャータカは釈尊という希有《けう》な人格から派生した想像の物語です。どちらも亀毛兎角の如く実体のないものですが、それでも人々は今なお、夜空の月に兎の姿を認め、生命の不思議を想います。

# 鹿《しか》

mṛga

## この鹿《ろく》王《おう》は多く慈《じ》悲《ひ》を行ず

『菩《ぼ》薩《さつ》本《ほん》縁《えん》経《ぎょう》』巻下

古来、人間たちは鹿を狩り、その肉を食べましたが、鹿は草食性の反芻《はんすう》動物で、人間や他の動物を襲うことはありません。その美しく整った四肢《しし》と立派な角《つの》は威厳《いげん》を感じさせます。仏典《ぶってん》はそんな鹿を、慈悲《じひ》を実践する生きものとして描きました。

# 生命《いのち》の尊厳

釈尊《しゃくそん》が初めて説法を行ったサールナートは、かつてムリガダーヤ（鹿野苑《ろくやおん》）と呼ばれていたそうです。「鹿の園」という意味です。かつてこの地で狩猟を楽しもうとした王を、林に住む鹿《しか》の王が説得し、無意味な殺戮《さつりく》を思いとどまらせました。しかし、代わりに鹿たちは、日々の食肉を王に供《きょう》することを約束しました。以来、鹿たちは毎日一頭ずつ、王の食膳に上がるために命を落としました。

ある日、妊娠中の牝鹿《めじか》に犠牲の順番が回ってきました。しかし、お腹の子どもの命が奪われることを嘆《なげ》く母鹿を見た鹿王は、自らが身代わりとなって城へ赴《おもむ》きました。人間の王は驚き、鹿王の徳の高さに深く恥じ入り、以降は殺生《せっしょう》を慎《つつし》みました。こうしてこの地は鹿たちの楽園、鹿野苑になったということです。

この物語は前回の「月の兎《うさぎ》」の話と同様、釈尊の前世物語であるジャータカのひとつで、慈悲《じひ》深い鹿の王こそ、前世の釈尊であったとされています。右のあらすじは中国所伝に拠りますが（『大唐西域記《だいとうさいいきき》』巻7）、東南アジア版には後日談があります（『ジャータカ』第12話「ニグローダ鹿本生《しかほんじょう》」）。自由を得た鹿たちは解放感のあまり、やがて農地の作物まで食い荒らすようになります。そこで今度は鹿の王がみなをたしなめ、以後、鹿たちは人間が目印をつけた田畑に出入りしないようになった、ということです。「共生」という言葉のお手本のような話です。

「ルル鹿本生」もたいへん有名な物語です（『ジャータカ』第482話）。借金まみれになった長者の放蕩《ほうとう》息子が、思い余ってガンジス河に身投げしますが、死にきれず、溺《おぼ》れて助けを求めます。近くのマンゴー林に隠棲《いんせい》していたルルという名の全身金色の大鹿は、男の悲鳴を聞いて河に飛び込み、背に乗せて助けます。このルルが前世の釈尊です。礼を言う男にルル鹿は、自分がこのマンゴー林に住んでいることは誰にも言わないよう口止めします。男は約束しますが、後に王が金色の大鹿に莫大《ばくだい》な懸賞金をかけていると知ると、城へ行き密告します。王はマンゴー林に行き、ルル鹿と話して経緯《いきさつ》を知り、恩知らずの男を罰そうとしますが、寛大な鹿に諭《さと》されて許したそうです。

　インドを中心に生息するアクシスジカは「世界一美しい鹿」と讃《たた》えられましたが、ゆえに人間から狩りの対象とされました。仏教説話に出てくる鹿たちはみな、人間の身勝手な振る舞いに傷ついても、その美しい姿にふさわしい高潔さをいささかも損なうことなく、身をもって生命の尊厳を示しています。

御影堂北側落縁に見られる鹿の欄間彫刻

# 猿《さる》

kapi

## 心は獼《み》猴《こう》の如《ごと》し

『大宝積経《だいほうしゃくきょう》』「普明菩薩会《ふみょうぼさつえ》」

獼がオナガザルで猴がテナガザルとも言われるようですが、要するに獼猴とは猿です。〝人間の心は獼猴のようだ〟と仏典《ぶってん》は言います。

確かに、激しい感情をあらわにしたり、思慮の浅い思い付きに気を奪われたり、猿は落ち着きのない私たちの心そのものです。

阿弥陀堂広縁上部に見られる猿の蟇股彫刻

# 人の心

インド八大仏教聖地のひとつヴァイシャーリーにあるラーマクンド貯水池は、かつて「猿《さる》の池」（獼猴《みこう》池）と呼ばれていました。それはこういう伝説に拠ります。——あるとき、釈尊《しゃくそん》と弟子たちがここで一休みして、食事に使った鉢を洗っていると、一匹の猿（獼猴《みこう》）が現れ、鉢を欲しがりました。叱《しか》ろうとする弟子を釈尊が制すると、猿は鉢を取って樹に登り、蜜で満たして降りてきて、釈尊に捧げました。蜜に水を混ぜて、釈尊と弟子たち全員が分け合って飲むと、猿は大喜びであたりを跳ね回り、勢いあまって大穴に堕《お》ちて死に（！）、人間に生まれ変わりました。この赤ん坊は生まれたとき、家中の食器が蜜で満たされたので「蜜勝《みっしょう》」、インド語で「摩頭羅瑟質《まづらしっしつ》」（摩頭羅〔マドゥラ〕は「蜜」の意味）と名づけられ、成長すると進んで出家《しゅっけ》して僧侶になったそうです（『賢愚経《けんぐきょう》』巻12）。博物学者の南方熊楠《みなかたくまぐす》は、日本で猿を「マシラ」というのは、これに由来するのでは、と言っています（「猴に関する伝説」『十二支考』）。

「獼猴奉蜜《みこうほうみつ》」（蜜を献上する猿）と呼ばれるこの物語は、サールナートやサーンチー仏塔の門柱など、インド美術の浮彫《レリーフ》になったことで有名です。一方、東アジアの水墨画などでよく見るのが、「猿猴捉月《えんこうそくげつ》」（月を捉える猿）の説話です。

――ベナレス郊外の森で、五百匹の猿の群れがある夜、深い堀の底の水面《みなも》に輝く月を見つけました。猿たちは「月が落ちている。夜が暗闇のままにならぬよう、すくい上げて空に戻そう」と、一匹が近くの樹の枝にぶら下がると、次の一匹がその尻尾を掴《つか》んでぶら下がり、さらに次の一匹がその尻尾を掴み……と次々に繋《つな》がり、堀の底の月を拾おうとしました。ですがその重みに枝が折れ、猿はみな深い水に堕ちてしまいました（『摩訶僧祇律《まかそうぎりつ》』巻7）。

どちらの話の猿も直情的で思慮が浅い。普段の私たちそのものです。ですから仏典《ぶってん》は「心は獼猴の如《ごと》し」（『大宝積経《だいほうしゃくきょう》』「普明菩薩会《ふみょうぼさつえ》」）と警告します。しかしその心根は純粋です。

唐の仰山慧寂禅師《ぎょうざんえじゃくぜんじ》は、若い頃ある師匠に「私たちの心に宿る仏のさとり（仏性《ぶっしょう》）とは何ですか？」と問うたところ、「窓の開いた室に獼猴を一匹飼っているようなものである」という答えを得たそうです（『従容録《しょうようろく》』第72則）。浅はかで外の喧騒《けんそう》に振り回されやすい人の心は猿の如し。しかし鎮《しず》まれば、そのまま仏となるのだ、ということでしょうか。

# 象《ぞう》

gaja

容儀極《きわ》めて端《たん》整《せい》に、
大《だい》象《ぞう》王《おう》の如《ごと》く行く

『大荘厳論経《だいしょうごんろんきょう》』巻10

象はとても温厚な性格で、常に落ち着いて思慮深く、仲間と争うことも滅多にないそうです。でもその大きな身体は、いざとなれば圧倒的な力を発揮します。そんな象が、王者の風格でゆっくり歩く姿に、人々はおのずと仏の姿を重ねるようになりました。

# 釈《しゃく》尊《そん》の面影

アジアの仏教圏では象《ぞう》、特に肌の白い象は神聖な存在です。釈尊の生母マーヤー妃（摩耶夫人《まやぶにん》）は、白象が自分の胎内に入る夢を見て釈尊を身ごもったといいます。『十二遊経《じゅうにゆうきょう》』という経典《きょうてん》によれば、そのとき釈尊はアイラーヴァナ（伊羅慢《いらまん》）象王《ぞうおう》に導かれて、天上世界から地上に降りてきたそうです。このアイラーヴァナ（エラーヴァナ、タイ語ではエラワン）もまた白象で、仏教の守護神のひとりインドラ（帝釈天《たいしゃくてん》）の乗り物です。頭が三十三で牙《きば》が七本という不思議な姿をしています。帝釈天はアスラ（阿修羅《あしゅら》）と争う神々の軍団の将軍で、アイラーヴァナはその戦象《せんぞう》です。

古代より象を飼い馴らす技術を有していたインドでは、このおとなしい動物を兵力として利用していました。紀元前四世紀、ペルシアを滅ぼし東方インドへ攻め入ったアレクサンドロス大王は、インダス川支流のヒュダスペス（ジェルム）河《か》畔《はん》の戦いで、二百頭からなるインドの戦象に手こずったそうです。やがてギリシャ兵が象使いを次々に槍《やり》で斃《たお》しだすと、乗り手を失った象たちは恐慌《きょうこう》に陥り、敵も味方も見境《みさかい》なく踏み潰《つぶ》しました。辛《から》くも勝利を得たギリシャ軍でしたが、兵士たちは戦意を喪失して、さしものアレクサンドロス大王も、それ以上の侵攻を断念しました（『アレクサンドロス大王東征《とうせい》記』、大牟田《おおむた》章《あきら》訳）。

もちろん普段のアジア象は穏やかです。そして聡明なので、仏典ではしばしば釈尊その人になぞらえられます。先の摩耶夫人の懐妊にまつわる伝説などは、その好例と言えます。

一方で、その並外れた巨大さには孤独の影がつきまといます。ある朝、弟子や信者に囲まれる日々に倦《う》んだ釈尊は、誰にも告げず独《ひと》り森に入り、瞑想《めいそう》していました。するとそこへ、群れと共にいることに疲れた一頭の巨象がやってきて、釈尊に寄り添いました。釈尊は思わず「轅《ながえ》のような牙を持つ巨象の心は／森の中でひとり楽しむ聖者の心と一致する」と口ずさんだそうです（『ウダーナ』第4章第5偈、渡辺愛子訳）。

また晩年、体調を崩し、亡くなる直前に思い出深いヴェーサーリーの町を再訪した釈尊は、去り際に「象が眺めるように」ゆっくりと町の光景を瞳に焼きつけ「これはわたしがヴェーサーリーを見る最後の眺めとなるだろう」と呟《つぶや》いたそうです（『ブッダ最後の旅』第4章、中村元《はじめ》訳）。

象は巨大で、知的で、温厚で、そして孤高の存在です。人々はそんな姿に釈尊の面影を重ねたのでしょう。

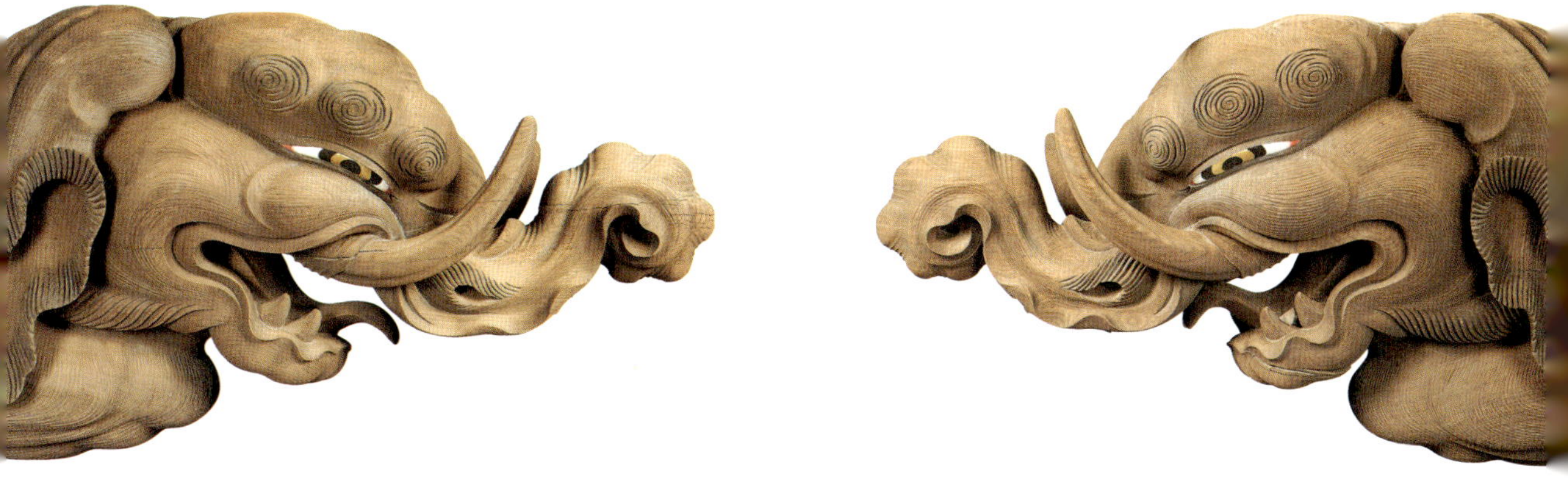

阿弥陀堂正面階段上部の両端にある象の木鼻彫刻

# 孔《く》雀《じゃく》

mayūra

国人並べて無病を得、
孔雀を害するの心、
あること無し

『六《ろく》度《ど》集経《じっきょう》』巻3

孔雀は強い繁殖力をもち、求愛期には雄《おす》同士で激しく争い、雑食性で昆虫や小動物も食べるなど、原色の身体は生のエネルギーに満ちあふれています。毒蛇を食らっても平然としているので、身には治癒と長寿の効能があると重宝され、インドの国鳥となりました。

# 愛欲の強さ

インドの国鳥、孔雀《くじゃく》といえばやはり、あの目玉のような紋様の飾り羽根を大きく広げた姿が思い浮かびます。インドに軍事侵攻したアレクサンドロス大王も、インドクジャクの美しさには心魅かれ、決して殺さないよう自軍の兵士に命じたと言われています。

羽根を広げるのは雄《おす》の孔雀で、求愛の行為だそうです。春から夏にかけての繁殖期、雄は羽根を広げて鳴き、雌《めす》に向かって自分を誇示《こじ》します。しかも繁殖は一夫多妻で行われます。そのため仏典《ぶってん》では、孔雀はしばしば強い愛欲を象徴します。たとえば、ある僧侶が、出家《しゅっけ》後も異性への欲望が捨てられず、その悩みを告白したとき、釈尊《しゃくそん》はこんなジャータカを語ったそうです。——自分は遠い昔、世にも珍しい黄金の孔雀に生まれ、人間から命を狙《ねら》われた。そこでヒマラヤの山奥に住み、諸仏を讃《たた》えるお護りの呪文を唱《とな》え、身の純潔を保って暮らしていた。おかげで長らく平穏無事だったが、ある猟師が策を巡らして連れてきた雌孔雀の鳴き声をひと声聞いた途端、七百年間封じていた衝動に負け、猟師の罠《わな》に飛び込み、捕《と》らえられてしまった。まことに愛欲は賢者すら惑わす。修行僧が苦しむのも当然のことだ（『ジャータカ』第159話、第491話）。
また、孔雀は雑食性で、野生のものは木の実や昆虫、さらには爬虫類《はちゅうるい》や哺乳類《ほにゅうるい》も餌《えさ》とします。そして毒への耐性が強く、サソリやコブラも捕食すると言われています。ここから、孔雀にはどんな毒も消し、病を癒《い》やす力がある、という伝説が生まれました。七世紀の玄奘三蔵《げんじょうさんぞう》は、現在のパキスタン北西部スワート河流域地方に、孔雀王が嘴《くちばし》で崖《がけ》を突き、泉が湧いてできた池がある、と報告しています。その水を飲めば病が治るので、多くの病人たちが来訪していたそうです（『大唐西域記』巻3）。

先のジャータカの続きですが、『六度集経《ろくどじっきょう》』（第20話）では、猟師は捕らえた孔雀王を国王に献上し、国王は病気の妃《きさき》にその肉を食べさせようとします。しかし孔雀王は「私の身を湖に投げ入れてください。私が呪文《じゅもん》をかければその水は万病の薬となりましょう」と訴え、実際その通りとなり、王妃はもちろん、国中の人々のあらゆる病が治って、孔雀は自由の身になったと言います。

そういう仏典の孔雀のイメージが、後の密教の時代になって「孔雀明王《みょうおう》」という、世俗の汚れを浄化し、衆生《しゅじょう》をさとりへ導く尊格へと発展したのです。

阿弥陀堂内に見られる
孔雀の欄間彫刻

# 鼠《ねずみ》

mūṣikā

## 黒《こく》白《びゃく》の二《に》鼠《そ》ありて
## 互いに樹《じゅ》根《こん》を齧《かじ》る

『譬《ひ》喩《ゆ》経《きょう》』

木の根を交互に齧る黒鼠と白鼠は、私たちの時間を浸食する夜と昼をあらわしています。陽が沈み、また陽が昇り、日々の繰り返しは、人生の残り時間を、少しずつ確実に削っていく。そしていつか木の根は噛み切られる。ロシアの文豪トルストイが著書『懺悔』で引用し、「人生の真理」と呼んだ寓《ぐう》話《わ》です。

# 大きな結果

奈良時代から平安初期にかけて中国に渡った遣唐使は、日本の仏教文化の発展に大いに寄与すると共に、孔雀《くじゃく》や鸚鵡《おうむ》など、さまざまな珍しい生きものを持ち帰りました。猫もそうで、『枕草子』や『源氏物語』には「からねこ」(唐猫)が登場します。大陸からやって来る船は、仏典《ぶってん》をはじめ貴重な文献をたくさん載せていたので、鼠《ねずみ》に齧《かじ》られないよう、天敵の猫も同乗させた。それが在来種とは違う舶来《はくらい》の愛玩《あいがん》動物として、貴族の間で珍重《ちんちょう》されたそうです。

というわけで、猫には鼠、鼠には猫がつきものです。こんなお話があります。ある豪商が「才覚さえあれば鼠の死骸《しがい》からでも一財産なせる」と言い、それを真に受けた貧しい若者が、死んだ鼠を拾って街に出ます。すると一匹の猫が飛びついてきたので、猫の飼い主に二束三文で売り、その金で安い食材を買い、料理を作って商人に食べさせ、代わりに商品を分けてもらい……と元手を次第に増やしていって、最後は本当に大富豪となる。これもあの豪商の教訓のお陰だと、金銀で作った鼠の細工を造ってお礼に行くと、話を聞いた豪商は感心して、若者を婿《むこ》に迎えます。まるで「わらしべ長者」で

阿弥陀堂北側
広縁上部に見られる
鼠の蟇股彫刻

す。この物語は『ジャータカ』（第4話）、『六度集経《ろくどじっきょう》』（第22話）、『根本説一切有部毘奈耶《こんぽんせついっさいうぶびなや》』（巻32）、『ディヴヤ・アヴァダーナ』（第35章）といった多くの仏典、さらにインド説話集『カター・サリット・サーガラ』にも見えるなど、広く流布《るふ》しています。そして鼠は「齧る」生きものです。たとえば僧侶には豪奢《ごうしゃ》な袈裟《けさ》ではなく「鼠噛衣《そこうえ》」、鼠に齧られ捨てられた襤褸《ぼろ》を拾い、綴《つづ》った衣こそふさわしい、と言われます。また、これも『譬喩経《ひゆきょう》』はじめさまざまな仏典やインド文献に見える「黒白二鼠《こくびゃくにそ》」という有名な喩《たと》えがあります。――私たちの人生は、猛獣に襲われた旅人がとっさに飛び込んだ涸《か》れ井戸のようなものだ。そこに垂れた木の根に摑《つか》まり、なんとかぶら下がっているが、見上げれば白い鼠と黒い鼠が、木の根を熱心に齧っている。これは昼と夜の繰り返しを象徴しているそうです。鼠が齧る量はわずかです。だから旅人は、木の根を伝って滴《したた》る甘い蜜を舐《な》め、一時の快楽を得たりもしますが、その間も木の根はカリカリと削られてゆきます。そして井戸の底には毒蛇が、つまり確実な死が待っています。

　わずかな蓄積が積もり積もって、善かれ悪しかれ、必ず大きな結果に至ることを忘れてはならない。仏典は鼠という小動物を通じて、私たちにそう語りかけます。

# 馬《うま》

aśva

すなわち馬を下り、
山《さん》沢《たく》中《ちゅう》に入《い》れば、心に歓《かん》喜《ぎ》を懐《いだ》く

『仏本行経《ぶつほんぎょうきょう》』巻2

『仏本行経』は仏伝（釈尊《しゃくそん》の伝記）のひとつで、これは出家《しゅっけ》の場面です。釈迦《しゃか》族の太子だったシッダールタは、ある晩、城を出て、王子の権威を象徴する白馬を下り、苦行林《くぎょうりん》のある山の中に入っていきました。心にはついに出家がかなった喜びを懐いていたそうです。

## 栄華の象徴

馬《うま》の家畜化は紀元前四千年頃から始まり、一説によれば、その頃すでに乗馬も行われていたそうです。紀元前二千年頃のハラッパー遺跡からは馬車の像が出土しています。古代の人々は、神経質で気性の荒い生きものであった野生の馬を飼い馴らし、意のままに駆《か》る技術を開発しました。

インドでは古来、人間が自己を統御《とうぎょ》する方法を、馬の調教に喩《たと》えて説明します。ヨガの瞑想《めいそう》を説く哲学書では、私たちの心身は馬車であり、自我《アートマン》という主人の乗った身体＝車を正しく進めるためには、「智」という御者《ぎょしゃ》が、心の手綱を巧みに操《あやつ》り、感覚器官という馬をしっかり制御する必要がある、と説きます（『カタ・ウパニシャッド』第3章）。仏典《ぶってん》でも、欲望を制した弟子は「御者によってよく馴らされた馬のように、昂《たか》ぶりを滅ぼし、汚れのなくなった人」と讃《たた》えられます（『テーラガーター』第205偈）。逆に仏道を正しく歩まない者は、暴れ馬に喩えられました（『生経《しょうきょう》』第42「馬喩経《めゆきょう》」）。

「快馬《けめ》の鞭影《べんえい》を見てすなわち正路《しょうろ》に到《いた》る」という言葉をご存知でしょうか。天台大師《てんだいだいし》の『摩訶止観《まかしかん》』（巻2下）に見える、

阿弥陀堂の
広縁上部に見られる
馬の蟇股彫刻

古い経典《きょうてん》に基づく警句です。調教馬は鞭《むち》に打たれて走る。より優れた馬は、打たれて痛みを感じる前に、鞭の影を見ただけで正しい道を走り出す。同様に、人生の苦を味わって救いの道を求める人もいれば、前もって苦を観察して仏弟子となる賢者もいる、という意味です（『雑阿含経《ぞうあごんきょう》』巻33－92）。『大《だい》智度論《ちどろん》』（巻1）や『正法眼蔵《しょうぼうげんぞう》』（「四馬《しば》」）にも紹介されています。

このように馬は、宗教の世界では修行によって律すべき心身の暗喩《あんゆ》でした。しかし世俗においてそれは王権の象徴であり、馬の所有が支配者の証《あかし》とされました。古代インドのアシュヴァメーダ（馬祠《めし》祭）は、王が一頭の馬を一年間解き放ち、その間に赴《おもむ》いた土地をすべて領土と見なして、王家の繁栄と権威を誇示《こじ》する祭儀です。

ヒマラヤの麓《ふもと》、一小国の王子として生まれた釈尊《しゃくそん》は、少年時代、カンタカという名の愛馬を駆って外遊に出ましたが、郊外で老人、病人、死人を目にして世の苦をさとり、ある晩ひそかに城を出ました。そしてアノーマー川の岸辺で、王族の豪奢《ごうしゃ》な衣服と装飾を捨てて僧侶の粗末な衣をまとい、カンタカに別れを告げ、川を渡って出家《しゅっけ》しました。馬を乗り捨てることが、釈尊にとっては世俗の栄華との決別を意味していたのでしょう。

# 虎《とら》

vyāghra

今、此《こ》の虎は酸苦理《ことわり》を極め、
羸《るい》痩《そう》して死に垂《なんなん》とす

『賢愚経《けんぐきょう》』巻1

有名な「捨身飼虎《しゃしんしこ》」物語の一節です。三人の兄弟が森で餓死《がし》しかけた虎の母子に遭遇《そうぐう》します。「この虎はひどく苦しみ、飢《う》えて痩《や》せ衰《おとろ》え、死ぬ寸前だ」と思いながら、兄たちは去りますが、慈悲《じひ》深い末弟サッタは、自らの命を母虎に与えて生かす決意をします。

# 不安や欲望

釈尊《しゃくそん》在世の時代、ある男が出家《しゅっけ》しようと僧院《そういん》を訪れました。釈尊が不在だったので、男は一番弟子の舎利弗《しゃりほつ》（シャーリプトラ）に弟子入りを訴えました。しかし舎利弗が神通力《じんずうりき》で前世まで見渡しても、彼は過去、善行功徳《ぜんぎょうくどく》を積んだ形跡がまったくありません。舎利弗は「あなたには見込みがない」と入門を断ります。ほかの弟子たちも同意見です。

男が悲しんでいるところへ釈尊が帰って来て、事情を聞くと舎利弗を呼びました。「お前は、この男が何の善根《ぜんごん》も積んでいないと言うが、そうではない。彼は遠い過去世に、森で草刈りをしていて虎《とら》に出くわし、恐怖のあまり『南無仏《なむぶつ》！』と称《とな》えたことがある」。こうして出家を許された男は、やがてさとりを得たといいます（『大荘厳論経《だいしょうごんろんきょう》』第57話）。

どんな理由であれ、仏の名を称えること（称名《しょうみょう》）自体が功徳である、という主題が興味を引きますが、インドでは、舎利弗ほどの高僧も釈尊に較《くら》べれば無知である（『倶舎論《くしゃろん》』界品《かいほん》序偈《じょげ》）という文脈で紹介され、日本では、身寄りもなく貧しい老人が出家を志願したものの、弟子の間をたらい回しにされ、釈尊のおかげでようやく自分の居場所を見つけた話として伝えられました（『今昔物語』巻1）。同じ物語でも、時代や文化によって受け止め方が違いますね。

虎《とら》は獅子《しし》（ライオン）と同じくネコ科に属する大型の肉食獣で、百獣の王として並び称されることもありますが、仏教では、釈尊が「人中《にんちゅう》の獅子」と呼ばれることはあっても、虎が畏敬《いけい》の念をもって語られる例は少ないようです。むしろ人間の生活圏内にもしばしば出没する危険さが強調されます。

だから森の中で死にそうな虎に出逢っても、普通の人は関わったりしません。ところが仏典《ぶってん》には、餓死《がし》しかけた虎の親子を救う王子の話が出てきます。飢《う》えのあまり我が子を食べそうになっている衰弱した母虎の様子を見て、哀《あわ》れに思った王子が、自らの身体を餌として母虎に投げ与えるのです。

「捨身飼虎《しゃしんしこ》」と呼ばれるこのジャータカは、さまざまな経《きょう》典《てん》に紹介され（なぜかスリランカの聖典には伝わりませんでしたが）、広く仏教圏に知られています。我が国では法隆寺の仏具（玉虫厨子《たまむしのずし》）に描かれていることで有名になりました。もちろん、他者のために命も惜《お》しまない王子が菩薩《ぼさつ》（釈尊）で、その慈悲《じひ》によって救われる虎が私たち衆生《しゅじょう》です。虎は、私たちの心の闇に潜《ひそ》む不安や欲望を象徴しています。

阿弥陀堂正面
向拝上部に見られる
虎の蟇股彫刻

# 犀《さい》

khaḍgaviṣāṇa

## 犀の角《つの》のようにただ独《ひと》り歩め

『スッタニパータ』第35偈、中村元《はじめ》訳

『スッタニパータ』（第1章）の「犀の角」では、このフレーズが一連の警句と共に畳《たた》みかけるように繰り返されます。原文を素直に読めば「一角の犀のように独り歩め」となるところを、あえて「犀の角」とすることで、迫力ある名訳が生まれました。

# 孤高の歩み

一八七五年の暮れ、気鋭の文献学者から反時代的な哲学者へと変貌《へんぼう》を遂げつつあったフリードリヒ・ニーチェは、親友ゲルスドルフに宛てた書簡にこう書いています。「僕はジュマイツナーの友人ヴィーデマン氏から、仏教徒たちの聖典のひとつとかいう『スッタ・ニパータ』の英語本を借りた。そして『スッタ』の確乎《かっこ》たる結句のひとつを、つまり『犀《さい》の角《つの》のように、ただ独《ひと》り歩め』という言葉を僕はもうふだんの用語にしているのだ」（塚越敏《つかごしさとし》訳）。

ここに引かれた『スッタニパータ』の訳文は中村元《はじめ》『ブッダのことば』（岩波文庫）に依《よ》っています。我が国で近年広く親しまれている釈尊《しゃくそん》の箴言集《しんげんしゅう》で、特に第1章第3篇「犀の角」は有名です。「義ならざるものを見て邪曲《じゃきょく》にとらわれている悪い朋友《ほうゆう》を避けよ。貪《むさぼ》りに耽《ふけ》り怠《おこた》っている人に、みずから親しむな。犀の角のようにただ独り歩め。／学識ゆたかで真理《しんり》をわきまえ、高邁《こうまい》・明敏《めいびん》な友と交われ。いろいろと為になることがらを知り、疑惑を除き去って、犀の角のようにただ独り歩め。／世の中の遊戯や娯楽や快楽に、満足を感ずることなく、心ひかれることなく、身の装飾を離れて、真実を語り、

御影堂門に見られる
犀*の蟇股彫刻
＊今、実在する犀ではなく、伝説の霊獣としての犀が彫られている

犀の角のようにただ独り歩め」（第57偈～第59偈）。

中村訳（一九五八年）は『南伝大蔵経《なんでんだいぞうきょう》』の水野弘元《こうげん》訳「犀角《さいかく》の如《ごと》く応《まさ》に独り遊行《ゆぎょう》すべし」（一九三九年）に倣《なら》っていますが、実はニーチェが読んだ英訳には「犀の角」ではなく「犀のように独り歩め」とあり、ニーチェの書簡のドイツ語原文もそうなっています。ではインド原典はどうかといえば「犀の角のように」とも「剣のごとき角をもつもの（＝犀）のように」とも、どちらにも読めます。アフリカの犀には角が二つありますが、インドサイは一角です。そんなインドサイの屹立《きつりつ》する角のように独り歩め、と理解することもできます。他方、犀は地上で最も皮膚の厚い生きもので、特にインドサイは肩と尻が隆起して、まるで鎧《よろい》をまとっているように見えます。硬い皮膚で全身を装甲《そうこう》し、群れをなさず行動する犀のように、さまざまな誘惑や迷いに満ちた外界からおのれの心身を護り、常に単独で行け、と言っているとも解釈できます。

いずれにせよ、釈尊はここで、善き友と交わることを奨励しながら、それでもなお、仏道とは孤高の歩み——再びニーチェを引用すれば「すべてのものを粉砕する賢者の重い足取り」（『曙光《しょこう》』469、茅野良男《かやのよしお》訳）——を辿《たど》る道程《みちのり》にほかならない、と説いているのです。

# 龍《りゅう》

nāga

普《あまね》く妙《みょう》法《ほう》の雨を降らすこと
海の大《だい》龍《りゅう》王《おう》の如《ごと》し

『大《だい》方《ほう》広《こう》仏《ぶつ》華《け》厳《ごん》経《きょう》』「初《しょ》発《ほっ》心《しん》菩《ぼ》薩《さつ》功《く》徳《どく》品《ほん》」

インドではコブラの神だった「ナーガ」ですが、仏教と共に中国に伝えられたとき「龍」と翻訳されました。本来、両者の姿形は大きく異なっています。しかしどちらも海や川など水中に棲《す》み、雲を呼び雨を降らせ、水を自在に操《あやつ》るという共通性をもっています。

# 水を司《つかさど》る神

日本の寺院や神社で多く見かける犀《さい》は「水犀」といい、鎧《よろい》のような皮膚の代わりに亀《かめ》に似た甲羅《こうら》をもつ一角獣です。もとは沼地に棲《す》むインドサイのことだったのが、伝えられていくうち、実際の犀とかけ離れた姿になってしまった、とも言われています。このように、海の向こうから我が国に渡ってくる頃には、本来の姿や形とだいぶ変わってしまった生きものたちが仏典《ぶってん》のなかにもいます。

仏教の守護者とされる生きもののひとつに「ナーガ」がいます。神格化された巨大なコブラで、釈尊《しゃくそん》の伝説によく出てきます。釈尊が誕生したとき、天から赤子の頭に冷水と温水を灌《そそ》いだのもナーガなら、青年時代、断食の苦行《くぎょう》をやめた釈尊が、乳《ちち》粥《がゆ》を食べ終わって河に投げ入れた器を受けたのもナーガです。ついにさとりを得てブッダ（めざめた人）となった釈尊に大雨が降り注いだとき、七重のとぐろを巻いてその身体を囲み、頭上に頭を広げ、七日間守護したのもナーガです。

ナーガは古来、水を司る神でした。いま挙げた伝説もすべて水に関係しています。釈尊が生まれたヒマラヤの麓《ふもと》には現在も田園風景が広がり、人々は稲作を行っています。水田などの湿

阿弥陀堂正面
向拝上部に見られる
龍の蟇股彫刻

地に棲《す》み、神経性の猛毒をもつコブラは、農民たちの恐怖と畏《い》敬《けい》の対象であり、いつしか神として崇《あが》められるようになったのでしょう。コブラの守護神ナーガは仏教の伝《でん》播《ぱ》に伴い、スリランカから東南アジア一帯に広く浸透しました。

中国で仏典の翻訳が始まった後漢《ごかん》末期（二世紀後半）から、ナーガは「龍《りゅう》」と訳されていました。ただし中国の龍はナーガより遙《はる》かに起源が古く、胴は蛇《へび》で手足をもち、頭に二本の角《つの》を生《は》やした龍の姿は、すでに紀元前一四世紀の殷《いん》王朝の遺跡に見えます。紀元前五世紀には、顔に鬚《ひげ》、手足に鋭い爪《つめ》、胴に魚のような鱗《うろこ》がある中国の龍の姿は完成しています。

しかし「龍は水から生ず」（『管子《かんし》』「水地」）というように、龍もナーガと同様、水を司る神です。黄河《こうが》の氾濫《はんらん》を治《おさ》めてもらうにも、旱魃《かんばつ》のときに雨乞いするにも、古代中国の人々は龍神《りゅうじん》に祈りを捧げました。加えて、仏教のナーガが釈尊を護ったように、中国の龍も強大な霊力をもつ守護神でした。

仏典の翻訳は最初、インドや中央アジアから渡来した学僧が中心となって行われました。かれらはナーガがコブラであることを知りながら、あえて「龍」と訳したのです。視覚的には大きな変容でしたが、おかげで私たちは、そこにアジアにおける神話的想像力の豊かな広がりを味わえることとなりました。

# 迦《か》陵《りょう》頻《びん》伽《が》

kalaviṅka

迦陵頻伽の声もて
衆《しゅ》生《じょう》を哀《あい》愍《みん》したもう者を、
我ら今敬《けい》礼《れい》す

『妙《みょう》法《ほう》蓮《れん》華《げ》経《きょう》』「化《け》城《じょう》喩《ゆ》品《ほん》」

仏の声の繊細な美しさを語る際によく引き合いに出されるのが迦陵頻伽ですが、『妙法蓮華経』(『法《ほ》華《け》経《きょう》』)では、梵《ぼん》天《てん》という天上世界の神が「迦陵頻伽の声で衆生を慈《いつく》しんでくださる方」と釈《しゃく》尊《そん》に敬礼します。神々でさえ聞き惚《ほ》れる美声、という意味でしょうか。

# 仏の声

『源氏物語』第7帖「紅葉賀」冒頭で、18歳の光源氏《ひかるげんじ》は桐壺帝《きりつぼてい》の御前にて二人舞「青海波《せいがいは》」を優美に舞い、共に舞っていた頭中《とうのちゅう》将《じょう》を圧倒します。「楽《がく》の音が一段と高まって、今しも感興のたけなわな折から、同じ舞いながら君が舞い給う足拍子、お顔だち、世にもたぐいない見物なのです。詠《うたい》などをなさいますのが、これが仏の迦陵頻伽《かりょうびんが》の声であろうかと聞《きこ》えます」（谷崎潤一郎《たにざきじゅんいちろう》訳）。詠とは舞いながら詩句を詠唱《えいしょう》することです。その光源氏の詠のことを、紫式部は「仏の迦陵頻伽の声ならむ」と喩《たと》えています。

「仏の声は迦陵頻伽のさえずりのように美しく浄《きよ》らかである」とは仏典《ぶってん》でよく見かける定型句です。迦陵頻伽は鳥の名前で、サンスクリット（古代インドの言葉）の「カラヴィンカ」に漢字を当てたものです。

平安時代の日本で、この鳥の名を広く知らしめたのは『阿弥陀《あみだ》経《きょう》』でしょう。そこには、阿弥陀仏のまします西方極楽浄土《さいほうごくらくじょうど》には「白鵠《びゃっこう》・孔雀《くじゃく》・鸚鵡《おうむ》・舎利《しゃり》・迦陵頻伽《かりょうびんが》・共命之鳥《ぐみょうしちょう》」といった鳥たちがいて、朝な夕なに仏の修行の教えをさえずっている、という描写があります。ここから我が国では、迦陵頻伽といえば極楽浄土

御影堂内に見られる迦陵頻伽の欄間彫刻

の鳥というイメージが定着しました。与謝野晶子《よさのあきこ》訳『源氏物語』では、先ほどの「仏の迦陵頻伽の声」という箇所が「極楽の迦陵頻伽の声」となっています。

敦煌莫高窟《とんこうばっこうくつ》の壁画に描かれた阿弥陀浄土図には、人面禽形《にんめんきんぎょう》の迦陵頻伽が見えます。顔は人間、手に楽器を持ち、翼と下半身は鳥という姿です。この特異な鳥がいれば、そこは極楽浄土である、という目印のような存在です。しかしサンスクリットの辞書で「カラヴィンカ」を引いても、実は「カッコウ」「ウグイス」「スズメ」といった実在の鳥の名前が出てくるばかりで、インドの文献には、半人半鳥の架空の生きものという解説は見当たりません。

一方、タイの王宮やインドネシアの遺跡では、しばしば鳥の脚をもつ天女像を見かけます。これは緊那羅《きんなら》という半人半獣の神格で、男のキンナラは馬の声でいななき、女のキンナリーは鳥のように優雅に舞うなどと言われています。だから「東アジアでは緊那羅と迦陵頻伽が混同された」という学者もいます。

確かにそうかもしれません。我が国の寺院などに見る極楽浄土の迦陵頻伽は、多くが楽器を持つ半鳥の天女の姿です。ただ、迦陵頻伽に因《ちな》んだ雅楽《ががく》の舞「迦陵頻」は、基本的には四人の童子によって舞われます。きれいな声でさえずる小鳥、という本来の語義に、無垢な童子の姿を重ねたのでしょう。

# 共《ぐ》命《みょう》之《し》鳥《ちょう》

jīvamjīvaka

是《こ》の諸《もろもろ》の衆《しゅ》鳥《ちょう》、
昼夜六時に和《わ》雅《げ》の音《こえ》を出《いだ》す

『阿弥陀経《あみだきょう》』

極楽浄土《ごくらくじょうど》には白鵠《びゃっこう》・孔雀《くじゃく》・鸚鵡《おうむ》などの鳥がいて、朝な夕なに仏の教えをさえずっているそうです。いずれも実在する声の美しい鳥ですが、阿弥陀《あみだ》信仰が広くアジアに広まるうち、次第に神話化されていきました。

# 命の鳥

シジュウカラという鳥は、鳴き声が「シジュウ」と聞こえるところから名づけられたそうです。カッコウも同じですね。カッコウの仲間のジュウイチという鳥も「ジューイチ」という鋭《するど》い声で鳴きます。鳥類の名前には、鳴き声に由来するものが意外と多い。これは日本に限った話ではありません。大学で古代インドのサンスクリットという言葉を教えていますが、学生が最初に憶える単語は「カーカ」です。「カラス」という意味です。

サンスクリットで「ジーヴァンジーヴァカ」あるいは「ジーヴァジーヴァ」などと呼ばれる鳥がいます。鳴き声が「ジーヴァ、ジーヴァ」と聞こえることから名づけられました。辞書を引くとキジ（雉）、もしくはキジ科のシャコ（鷓鴣）と出ています。日本ではキジの鳴き声といえば大抵「ケーン、ケーン」ですが、インドではそんなふうに聞こえていたのでしょう。ところが「ジーヴァ」という単語には「命」という意味もあります。そこでジーヴァンジーヴァカは、漢字で「命命鳥《みょうみょうちょう》」と訳されました。『仏本行《ぶつほんぎょう》集経《じっきょう》』には、美しい声で鳴く鳥の代表として、迦陵頻伽《かりょうびんが》などと共に命命鳥の名が挙げられています。

同じ『仏本行集経』巻59は、「二頭鳥」という鳥の寓話《ぐうわ》を紹介

御影堂内陣・新六軸之間の「安養六種図」に描かれた共命鳥（右上）

しています。——ヒマラヤの麓《ふもと》に、二頭鳥という双頭一身《そうとういっしん》の不思議な鳥がいました。一方の頭が目覚めているとき、もう一方は眠っています。あるとき風が吹いて、花蜜の甘いマファの花が運ばれて来ました。起きていた一羽はそれを食べ、身体は滋養に満ちました。しかしもう一羽は目覚めたとき、相方だけが美味しい思いをしたことをひどく恨《うら》みました。それであるとき、毒の花を見つけ、あいつを殺してやろうと腹いせに食べ、双方とも命を落としてしまいました。憎《にく》しみの心というものは、相手のみならず自らの身も滅ぼしてしまうものです。

二頭鳥のイメージは、インドの伝統宗教ヒンドゥー教に登場する双頭の鳥ガンダベルンダや、ガンダーラのシルカップ遺跡に残された、西アジアの影響を感じさせる双頭の鷲《わし》の彫刻など、隣接する異宗教や異文化に刺激を受けて生まれたものでしょう。『仏本行集経』自身は、二頭鳥と命命鳥を特に関係づけていませんが、その名前の連想からか、いつしか両者は同一視され、「共命之鳥《ぐみょうしちょう》」と呼ばれてインドから中央アジアへ伝えられたようです。

ただ『阿弥陀経《あみだきょう》』に見える極楽の鳥たちは、いずれも容姿や鳴き声の美しさ、凛々《りり》しさ、力強さで選ばれているようです。そう考えると、二頭鳥よりは自然のキジの姿がふさわしいように、私には思えます。

## 主な参考資料

以下、本書の各項目の執筆にあたって特に強い示唆を受けた、または直接引用した国内の参考資料のみ列挙します。実際にはさらに多くの著書、文献を参照させていただきました。紙幅の都合上、ごく一部しか紹介できないことをお詫びします。


荒川紘『龍の起源』角川ソフィア文庫、２０２１年。

荒俣宏『世界大博物図鑑』平凡社、第4巻［鳥類］１９８７年、第5巻［哺乳類］１９８８年。

今西祐一郎「『御迦陵頻伽の声』続貂」『汲古』第77号、２０２０年。

今野達校注『新日本古典文学体系　今昔物語集一』岩波書店、１９９９年。

畝部俊英『『阿弥陀経』依報段試解』（真宗大谷派安居次講 講本）東本願寺出版、２００２年。

大牟田章訳『アレクサンドロス大王東征記』上下、岩波文庫、２００１年。

堅田修「亀報恩説話の展開」『大谷学報』第68巻第2号、１９８８年。

金沢篤「猿の心」『駒沢大学仏教学部研究紀要』第67号、２００９年。

茅野良男訳『ニーチェ全集　第7巻　曙光』理想社、１９６２年。

川又正智『ウマ駆ける古代アジア』講談社選書メチエ、１９９４年。

熊谷宣夫「西域出土のテラ・コッタ共命鳥像」『美術研究』第１４９号、１９５７年。

小林信彦「兎が火に飛び込む話の日本版」『国際文化論集』（桃山学院大学）第30号、２００４年。

桜部建・渡辺愛子訳「ウダーナ」『原始仏典８ ブッダの詩Ⅱ』講談社、１９８５年。

定方晟「仏典におけるナーガ」『印度学仏教学研究』第20巻1号、１９７１年。

佐藤悦城「宏智禅師頌古百則の研究（三）」『禅研究所紀要』第41号、２０１３号。

佐保田鶴治「カタ・ウパニシァッドに於けるヨーガ思想」『大谷学報』第39巻第3号、１９５９年。

谷崎潤一郎『潤一郎訳　源氏物語』第1巻、１９６４年（中公文庫、１９７３年）。

塚越敏訳『ニーチェ全集 第15巻 書簡集1』理想社、１９６８年。

中村元訳『ブッダのことば　スッタニパータ』（改訂版）岩波文庫、１９８３年。

中村元訳『ブッダの真理のことば　感興のことば』岩波文庫、１９７８年。

中村元訳『ブッダ最後の旅　大パリニッバーナ経』岩波文庫、１９８０年。

中村元訳『仏弟子の告白　テーラガーター』岩波文庫、１９８２年。

中村元監修『新装版　ジャータカ全集』全10巻、春秋社、２００８年。

林晃平「浦島伝説から見る仏教文化」『駒沢大学仏教文学研究』第13号、２０１０年。

平岡聡『ブッダが謎解く三世の物語』上下、大蔵出版社、２００７年。

本庄良文「ウパーイカーの引く童受の喩鬘論断章」『浄土宗教学研究所報』第5号、１９８３年。

松村恒「「カメの空中飛行」の書承と口承」『印度学仏教学研究』第58巻1号、２００９年。

水谷真成訳注『中国古典文学体系第22巻　大唐西域記』平凡社、１９８３年。

南方熊楠『十二支考』上下、岩波文庫、１９９４年。

宮坂宥勝『仏教の起源』山喜房仏書林、１９８７年。

望月信亭編『望月仏教大辞典 増訂版』世界聖典普及協会、１９７４年。

森雅秀「インドの馬と天馬」『天馬 シルクロードを翔ける夢の馬』展(図録)奈良国立博物館、２００８年。

八尾史訳注『根本説一切有部律薬事』連合出版、２０１３年。

山中由里子「生きもの博物誌［アジアゾウ］武器になった生き物」『月刊みんぱく』２００８年10月号。

湯谷祐三「「亀が空を飛ぶ話」の生成と展開」『同朋大学仏教文化研究所紀要』第22号、２００３年。

六度集経研究会『全訳 六度集経』法藏館、２０２１年。

※漢文仏典の題名や巻数の表記は『大正新修大蔵経』に準拠し、「ＳＡＴ大正新修大蔵経テキストデータベース」を利用させていただきました。

# あとがき

仏教の故郷はヒマラヤ山脈の麓《ふもと》、現在のネパールから北インド、ガンジス川中流域にかけての一帯です。亜熱帯気候と肥沃《ひよく》な土地に恵まれ、生物多様性の宝庫と言われるほど、さまざまな動植物種が棲息《せいそく》しています（近年は環境破壊の危機に迫られているそうですが）。

そのような地に生まれ育った釈尊《しゃくそん》の教えは、自然の叡智《えいち》に満ちています。「生きものをむやみに傷つけないようにしよう」という「不殺生」の誓いも、「あらゆる存在は関係性のなかにあり、あらゆる生命は生かされて生きている」という「縁起《えんぎ》」の思想も、豊かな生態系のネットワークが釈尊にもたらした共生の感覚に基づいています。

仏典《ぶってん》にさまざまな植物や生きものが登場するのも、そのためです。時に譬喩《ひゆ》表現で仏や菩薩《ぼさつ》を形容し、時に巧《たく》みな警句や深い寓話《ぐうわ》を語りかける、そのバリエーションの豊富さには驚くばかりです。

本書は昨年出版された『仏教ゆかりの植物図鑑』（松下俊英＝文・大

島加奈子＝絵）の姉妹編です。同書では、誕生を祝う無憂樹《むゆうじゅ》から入滅《にゅうめつ》を悲しむ沙羅樹《さらじゅ》、そして遺《のこ》された教えを刻んだ多羅樹《たらじゅ》まで、釈尊の生涯を彩る十五の植物が取り上げられていました。本書も、膨大な仏典から十五の生きものを選び、それぞれに因《ちな》んだ故事や成句、寓話などをできるだけたくさん紹介しています。「牛《うし》」から「犀《さい》」までは月刊誌『同朋《どうぼう》』（東本願寺出版）二〇二三年九月号〜二〇二四年八月号に連載したもので、「龍《りゅう》」「迦陵頻伽《かりょうびんが》」「共命之鳥《ぐみょうしちょう》」の三篇は新たに書き起こしました。

どの項目にも、東本願寺の本堂、門、屋根、あるいは襖絵《ふすまえ》を飾る生きものたちの写真が添えられています。なかには当時、簡単に実物を見ることができず、ほとんど想像によって造形されたものもあります。そこで最後の三篇では、日本では架空の存在となった生きものを取り上げ、仏教伝来の過程で起ったイメージの変容について解説しました。

雑誌連載中、毎回自然界の動物を繊細な筆致で描いてくださった大島加奈子さんが、「龍」や「迦陵頻伽」をどう仕上げてくれるか、ひそかに楽しみにしておりました。結果はご覧のとおりです。こういう楽しい本づくりは、私には初めての体験でした。大島さん、そして本書を企画・編集された東本願寺出版の藤崎恵美さんに感謝します。

巻末付録として、東本願寺のどこで、これらの生きものに会えるかを示したマップが用意されています。この本を携え、職人や絵師たちが腕をふるってつくり、描いた生きものたちを探しながら、広い境内《けいだい》を散策していただければ、とても嬉しいです。

二〇二四年 一〇月

福田 琢

猿

龍

兎

鼠

象

## 東本願寺
## 生きもの大集合

本文に登場

鹿

牛

孔雀

犀

獅子

虎

他にも、境内でみ〜つけた！

御影堂門の柱根巻金物

阿弥陀堂の屋根

獅子

御影堂門の蟇股

龍

御影堂門の欄間

共命之鳥

## 見どころ！

- 彫刻を見るのは朝がおすすめ。普段見づらい高所にある彫刻の陰影がはっきりとご覧いただけます。
- 阿弥陀堂の広縁上部の蟇股《かえるまた》には十二支と草木が交互に彫られています。
- 御影堂門の欄間《らんま》に彫られた龍の彫刻は、東（烏丸通《からすまどおり》側）は尾張《おわり》（愛知県尾張地域）、西（御影堂側）は井波《いなみ》（富山県南砺市）の彫刻師によるもの。それぞれ龍の顔などが異なります。
- 間近にご覧いただけるのは、御影堂門の柱の根巻《ねまき》に象《かたど》られた獅子の錺金物《かざりかなもの》（金属製の装飾）や、御影堂北側落縁にある鹿の欄間彫刻などです。
- 阿弥陀堂門の木鼻《きばな》には、ライオンを彷彿とさせる獅子が京都の彫刻師により彫られています。

他にもさまざまな生きものが彫刻などで表現されています。

亀

迦陵頻伽

馬

〈阿弥陀堂〉

1 孔雀（P41）…堂内の欄間
2 兎（P25）…南側広縁上部
3 象（P37）…階段上部
4 虎（P53）…正面向拝上部
5 龍（P60）…正面向拝上部
6 獅子（P77）…屋根
7 牛（P13）…広縁上部
8 馬（P49）…広縁上部
9 猿（P32）…広縁上部
10 鼠（P44）…北側広縁上部

〈御影堂〉

11 迦陵頻伽（P64）…堂内の欄間
12 共命之鳥（P69）…堂内・新六軸之間
13 亀（P21）…屋根
14 鹿（P29）…北側落縁

彫刻の詳細は

# 東本願寺生きもの境内マップ

本書で紹介した生きものたちが彫刻や瓦などに象られた場所をご紹介します。ぜひ、参拝の折に探してみてください。

〈阿弥陀堂門〉

**15** **獅子**（P16）…門の木鼻

〈御影堂門〉

**16** **獅子**（P77）…虹梁部分（烏丸通側）

**17** **龍**（P77）…門扉上の欄間

**18** **犀**（P57）…虹梁部分（御影堂側）

**19** **獅子**（P77）…柱の根巻

## 福《ふく》田《だ》 琢《たくみ》

1963年埼玉県東松山市生まれ。大谷大学大学院博士課程満期退学。同朋大学学長。専門は仏教学、インド仏教思想史。共著に、青原令知編『倶舎 絶ゆることなき法の流れ』(自照社出版、2015年)など。翻訳書にショバ・ラニ・ダシュ『マハーパジャーパティー 最初の比丘尼』(法藏館、2015年)など。

## 大島《おおしま》加奈子《かなこ》

1968年兵庫県神戸市生まれ。多摩美術大学油画科卒業。絵本に『アリのかぞく』(福音館書店、2022年)など。『仏教ゆかりの植物図鑑』(東本願寺出版、2023年)で絵を担当。


## 仏教《ぶっきょう》ゆかりの生《い》きもの図鑑《ずかん》

2024(令和6)年12月28日　初版第1刷発行
2025(令和7)年6月28日　第2刷発行

著　者　福田 琢
絵　大島加奈子
発行者　木越 渉
編集発行　東本願寺出版(真宗大谷派宗務所出版部)
〒600-8505 京都市下京区烏丸通七条上る
TEL 075-371-9189(販売)　075-371-5099(編集)
FAX 075-371-9211
印刷・製本　シナノ書籍印刷株式会社
デザイン　山口美徳

ISBN978-4-8341-0691-6　C0615